AF248228

LE PRISONNIER DE GUERRE

EN RUSSIE.

1812.

—

LE PRISONNIER DE GUERRE

EN RUSSIE.

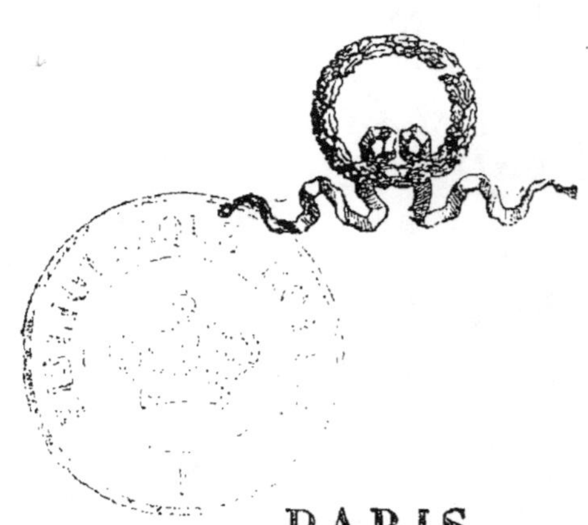

PARIS,

IMPRIMERIE DE POUSSIELGUE,

RUE DU CROISSANT-MONTMARTRE, 12.

—

1857

1812.

LE PRISONNIER DE GUERRE

EN RUSSIE.

Ep. Away! away!
Lord Byron.)
— Ourra!
(Cri russe.)

Où sont les grands, les intrépides soldats de la Grande Armée?..... la
neige des steppes russes a gardé le secret de leur mystérieuse sépulture...
ils dorment!.... leur lance gît à leur côté, leur bon cheval repose étendu
à leurs pieds ; la faim a tué le coursier comme le froid a saisi le cavalier.
Tous ont subi patiemment leur destinée; tous sont tombés sur le chemin de la retraite comme une longue suite de victimes. Le cuirassier
athlétique, cette masse de fer terrible aux fantassins, le houzard, fils de
la Hongrie, le lancier, enfant rapide de la Pologne, digne héritier de la
Pospolite, le grenadier, ce héros farouche ; l'artilleur, si fidèle à ses pièces, ont subi la même destinée : la mort les a enveloppés à la fois.

Ils étaient quatre cent mille : leur marche ressemblait à la course sans
frein d'un torrent des Alpes ; vus de loin, c'était une immense ligne d'a-
cier éclatante aux rayons du soleil. Dans leurs rangs on eût entendu les
dialectes de tous les peuples se répondre et se croiser. C'était Babel en
mouvement. Parmi ces courageux enfans prêts à courir au canon pour
exécuter la pensée suprême d'un conquérant et ses rêves de civilisation
par la guerre, il y avait des Espagnols basanés, des Italiens ardens, des
Belges et des Suisses froids et patiens , des Croates. des Tyroliens légers,
des Egyptiens, restes de la garde consulaire.....

Dans l'immense déroute de Moscow, nous ne voulons pas retracer les péripéties des divers corps d'armées; ces faits sont connus.

Ce qui est plus attendrissant que l'histoire, selon les bulletins officiels, c'est l'histoire intime et toujours à recommencer de tous les soldats isolés, traînards, qui ont souffert un supplice de si longue durée, soit fugitifs et se cachant au fond des bois, soit prisonniers des Russes et livrés à la garde des Kozaks.

On ignore encore de nos jours le nombre immense de Français qui restèrent épars et allèrent peupler la Sibérie. Marcher et ne pouvoir se reposer, souffrir et ne pouvoir expirer, voilà le texte de cette odyssée moderne.

Nous aussi nous avons quelques faits à raconter : c'est l'histoire d'un soldat du 25e de ligne. Il était bien jeune, bien faible, le pauvre voltigeur. On le nommait Victor L..... (1) Enthousiasmé, comme on l'était si aisément à cette époque de la gloire militaire, rêvant les grades, la croix surtout, il avait dit un matin adieu à sa mère; puis, malgré les pleurs de la pauvre femme, le brave enfant de Paris avait pris un engagement au 25e, où il avait un parent lieutenant-colonel. Combien la campagne avait été pénible pour lui chétif; et ces chemins glacés, cette mort sous mille aspects... N'importe, rien ne l'avait découragé; il avait marché, couru, était tombé mille fois, s'était souvent traîné sur les mains : mais toujours l'idée du devoir, le sentiment de l'honneur, l'amour de sa mère, le relevaient et lui rendaient la force morale à défaut de la force physique.

Il ne pouvait regarder autour de lui sans voir les affreuses marques qui lui traçaient la route : des hommes expirés, les yeux ouverts et l'air menaçant, d'autres dans les bras de leurs frères, s'il reste des frères en temps de famine; d'autres encore appuyés droits et sans vie contre des sapins; et en avant, le malheureux empereur qui menait le deuil de sa grande armée...

Perdu au sein de cette immense catastrophe, le jeune soldat avait conservé de l'espoir. Ses yeux de vingt ans découvraient encore le ciel de son

---

(1) M. L..... faisait partie de la 5e division du 1er corps d'armée à l'avant-garde sous les ordres du prince d'Eckmul; lors de la retraite, son régiment étant entièrement détruit, il fut incorporé au 29e d'infanterie légère, division Partouneaux.

M. L..... est aujourd'hui un de nos industriels les plus remarquables de Paris. Il a reçu enfin la récompense bien méritée de son courage et de ses longues souffrances, par la décoration de la Légion-d'Honneur, que personne ne saurait porter plus dignement que ce brave officier.

cher pays à travers l'horizon lugubre et noir qui opposait aux Français comme un voile impénétrable. Victor avait promis à sa mère de revenir : il n'avait pas peur.

Cependant la journée du 27 novembre qui vit finir les principaux désastres de l'armée, cette journée commença le véritable martyre de Victor. La Berezina était passée; l'ennemi trompé par les mouvemens de l'empereur n'avait pas réuni à temps ses forces : désormais la retraite protégée par Bellune, Reggio, Ney, était assurée.

La division Partouneaux s'éloigna à la nuit de Borisow ; une brigade de cette division, formant l'arrière-garde, chargée de brûler les ponts, arriva entre dix et onze heures. Où est la première brigade? où est le général? voilà le cri des soldats. Ils ne songent plus eux-mêmes à leur propre salut. « Trouvons, trouvons les camarades! » Vaines recherches : cette brigade a pris à droite au lieu de prendre à gauche; deux ou trois lieues de méprise l'ont conduite, transie de froid, aux feux de l'ennemi, comme le phalène court vers une torche. 2,000 hommes d'infanterie, 300 chevaux sont entourés, cernés complétement : les Kozaks n'osent pas les attaquer, mais dressés sur leurs chevaux, ils se promettent de charger leur selle de pillage. Victor était dans cette brigade.

Quel drame se passa alors dans le petit camp français ! S'il n'eût contenu que des soldats, on y eût entendu à peine quelques malédictions énergiques; du reste, toutes les mains crispées des grenadiers eussent encore essayé d'armer leur fusil; le cavalier eût demandé à son cheval épuisé un reste de force pour charger une dernière fois l'ennemi... Mais il y avait là aussi des femmes, des enfans, des employés civils, des fournisseurs, pêle-mêle décourageant d'êtres incapables de se défendre. De plus en plus le cercle des Russes se rétrécissait : prison de chair d'où la fuite était impossible. Un instant le jeune Victor conçut l'idée de la résistance : « Frayons-nous un passage ! s'écria-t-il avec énergie; car alors l'autorité du grade avait disparu, et la voix de l'inférieur valait celle du chef. Passons sur le corps à ces coquins-là ! » Il ajouta : « O ma mère, je te reverrai ! » Un grognard secoua la tête et laissa tomber sur l'enfant un regard de sombre ironie. Hélas! tous ces compagnons d'infortune avaient une même mère, la France. Combien d'entre eux devaient la revoir ?

Le général Partouneaux allait d'un rang à l'autre, exhortant, priant, tendant les bras à ceux qui tombaient de froid. Deux grosses larmes descendaient sur ses joues. Il paraissait chanceler sous le poids du malheur. Faisant enfin un effort qui lui coûta, il dit : « Enfans, résignez-vous, le sort nous a trahis, nous sommes prisonniers de guerre ! »

Il ne s'éleva pas un cri, pas une plainte, pas un murmure. Comme accablés par la fatalité, tous ces hommes si forts, si indomptables deux mois auparavant, se résignent à la longue mort de la captivité ; ils connaissent la pitié et la foi de leurs ennemis..... Les fusils sont placés en faisceaux, les sabres jetés à terre, trois pièces de canon livrées à des artilleurs russes. Dix mille Baskirs s'avancent ; la garde des prisonniers leur est confiée.

Abîmé dans sa douleur de fils et de soldat, Victor ne s'apercevait même pas du mouvement général. Voici comment on l'avertit qu'il fallait partir. Un Kozak d'une taille de géant s'approcha du jeune homme en blasphémant : il était ivre d'eau-de-vie et pouvait à peine se soutenir. Voyant que le prisonnier ne bougeait pas, il prit un fusil chargé dans un des faisceaux, appuya la baïonnette sur la poitrine du soldat, et chercha, sans la trouver, la gachette pour tirer.

Insensible au danger qui le menaçait, Victor ne fut rappelé à lui que par la douleur de la piqûre ; machinalement, il saisit la baïonnette et la releva. Il était temps, le coup partit. Le Kozak se dédommagea sans doute en tuant et en dépouillant un autre prisonnier.

Victor était alerte et ingambe, toujours prêt à se dévouer pour ses camarades. Ce qui explique les nombreux dangers d'où une sorte de protection divine put seule le tirer. Pendant les deux ou trois jours qu'il fallut passer dans la plaine de Borizow, les Français privés de vivres, ne recevant rien du vainqueur, étaient surtout dévorés par la soif. On ne pouvait boire que de la neige fondue : mais encore devait-on l'aller chercher hors du camp où le piétinement de tant d'hommes la changeait en une boue épaisse. Cette corvée devenait un dévouement : car s'éloigner de ses compagnons, s'aventurer isolé dans la campagne, c'était courir à une mort presque certaine. Un lambeau d'uniforme tentait les Baskirs qui ne cessaient de rôder dans les environs : une fois tentés, ils tuaient pour prendre plus aisément l'objet de leur convoitise. Comme il y avait danger à faire ainsi la provision, on voulut qu'il y eût égalité de chances : on tira au sort. Le troisième jour, le nom de Victor se trouva dans le billet fatal. Le jeune homme n'hésita point ; il prit le bidon, et s'approcha d'un lieutenant nommé Chartier qu'il aimait beaucoup, lui pressa la main et dit : « Au revoir ! puissé-je revenir plus heureux que mon camarade de lit, ce brave Bard, à qui j'étais attaché comme un frère et qui a disparu après Malojaroslavetz.. Mais bah ! nous le retrouverons. »

—Ne songe qu'à toi, enfant, et reviens.

—Ce sera, mon lieutenant, à la grâce de Dieu.

Et il partit en courant. Son dévouement lui donnait des forces. Il s'arrêta dans un endroit écarté vierge de tous pas humains. Agenouillé, il prête l'oreille : aucun bruit; aussitôt il se met en devoir de remplir le bidon ; mais lorsqu'il va pour se relever, une sorte de rire sauvage se fait entendre : au même instant Victor sent deux genoux lui presser impitoyablement la poitrine, des mains brutales le fouillent partout ; trois Kalmouks le tiennent ainsi renversé ; leur œil féroce, mais subtil, suit tous ses mouvemens. Involontairement le Français a porté la main à sa ceinture ; elle lui est enlevée ; les pillards la coupent avec leur sabre, des pièces d'or artistement cousues s'en échappent et tombent sur la neige. O désolation ! cet or, c'était le fruit de longues épargnes et la seule ressource qui restât à Victor.

Mais l'or n'était rien aux yeux de ces barbares s'ils n'achevaient de dépouiller le prisonnier : ses bottes si précieuses pour lui, sa capote, lui sont enlevées à la fois; on va l'abandonner nu, grelottant... Cependant sa jeunesse, sa douce physionomie, ont intéressé les pillards ; ils jettent au pauvre diable une mauvaise capote de soldat capable à peine de le couvrir, nullement de le réchauffer, et ils s'éloignent.

Il y a dans le malheur une sorte d'exaltation généreuse, un fanatisme de souffrances; on croit lutter avec le ciel, on ne pleure pas. Victor ne s'arrêta point un seul moment à l'idée de sa déplorable situation ; les privations de ses camarades, de ses frères, revinrent seules à sa mémoire. Il acheva de remplir le bidon, attacha de son mieux son nouvel uniforme et retourna au camp.

Sa triste aventure y produisit peu d'effet; qu'il arrivât nu ou non, qu'importait, pourvu qu'il eût trouvé aux camarades de quoi boire.

Le lendemain on partit dans la direction de Witepsk, ville lithuanienne, à une distance de 145 verstes.

Vous avez lu dans *Bossuet* ce terrible passage où la voix inflexible d'en haut crie au damné : Marche! marche! — Représentez-vous une foule de malheureux, grelottans, sans habits, sans pain, et poussés par la lance du Kozak ; ils se traînent avec la mort dans les yeux ; à chaque pas ils tombent : ils n'ont pas encore expiré qu'ils ne sont déjà plus. Leur œil est éteint, leur longue barbe, leurs haillons les rendent hideux; ils tiennent leurs mains sous les aisselles, mais rien n'y rappellerait la chaleur; la peau de leur visage est violacée ; leurs pieds sont enveloppés de linges et de bandelettes qui leur ôtent toute forme humaine. Ce ne sont plus des hommes, et ils éprouvent cependant tous les besoins impérieux de l'homme;

la faim, l'horrible faim les dévore. Est-ce que le vainqueur a le tems de songer à nourrir ses prisonniers? Non ; il faut des jeux, des plaisirs aux Baskirs : du haut de leurs chevaux ils bandent leurs arcs et se défient mutuellement en adresse : Allons ! au shakos! — Moi, au dolman ! Ils tiraient; à chaque coup manqué , c'était un homme d'atteint et de tué. Mais le tir recommençait jusqu'à ce qu'une flèche mieux lancée eût bien atteint le dolman ou le shakos servant de but. Les Baskirs savaient selon leurs goûts tromper l'ennui du chemin. D'abord, les Français avaient fait quelques efforts pour se soustraire à cette mort nouvelle; mais, bientôt fatigués d'avoir peur de leurs assassins , ils s'étaient résignés à attendre la tête baissée. Victor entendit quelques flèches lui siffler aux oreilles : il ne daigna pas même se retourner....

On n'atteignit pas la moitié du chemin sans que le cortége de ces malheureux fût diminué de moitié. On ne comptait pas ceux qu'on laissait derrière soi; les morts étaient trop heureux pour qu'on les regrettât. *Beati quia quiescunt*, a dit Luther. Luther avait raison.

Eufin on arriva à une sorte de village, s'il est permis de donner ce nom à quelques chaumières en troncs de bouleau, espacées et comme perdues, jetées sur une plaine, sans aucune régularité de plan, et dans lesquelles on entassa les prisonniers, dix, vingt, trente dans l'unique pièce enfumée. Quant à se nourrir, c'est un soin qu'il leur fallut prendre eux-mêmes.

Victor se trouvait dans une de ces chaumières , avec son ami Chartier et une dizaine de Français. Un vieux capitaine éleva la voix : « *Oh ! si j'a*vais une bouchée de pain , même du pain noir ! » Notre jeune soldat le regarda avec compassion ; mais comment exaucer ce souhait ? Quelqu'un dit : «Du pain? il y en a près d'ici.—Où?—Chez une juive nommée Sarah.» Le capitaine fit un mouvement comme pour sortir ; sa faiblesse le retint sur son escabeau : « Que n'y puis-je aller , murmura-t-il... » Un gros Bavarrois qui se chauffait de son mieux, lui dit avec humeur : « *Mein Gott !* Le maison est plein de Kozaks.—Qu'importe ! s'écria Victor, les Kozaks ne mangent pas les gens de cœur. Quelqu'un veut-il y venir avec moi? »

Un jeune soldat, qu'on nommait Normand fit claquer ses doigts, se posa en *crâne* et dit : « Je voudrais bien voir que nous eussions peur de ces mille millions de Kalmoucks ! s'il y a tant seulement un méchant pain de quatre livres chez la juive, je vous le rapporterai pour sûr. » Victor, lui prenant la main : « Est-ce vrai? En ce cas . viens avec moi. » Quelques-uns de leurs camarades se placèrent devant eux; Chartier, entre autres, les conjura de ne pas courir à leur mort; leur sourire répondit seul à ces paroles de mauvaise augure. Chartier avait-il eu raison ?... Une heure entière s'écoula dans l'attente de leur retour... A peine leur eût-il fallu dix minutes pour revenir.

Suivons-les cependant. D'après les indications qu'on leur avaient données, ils ne tardèrent pas à trouver la porte de la Juive. Avant qu'ils eussent eu le tems d'y frapper, elle s'ouvrit : Une femme parut, éclairée par un flambeau de résine qu'elle élevait au-dessus de sa tête. D'une voix, tout à la fois douce et maussade, elle leur demanda en allemand : « Qui êtes-vous? que venez-vous chercher? » Par bonheur, Victor comprenait et parlait l'allemand ; il put lui répondre. « Nous sommes deux prisonniers Français. Vous êtes la Juive Sarah? — Oui, eh bien? — Vous avez du pain, chez vous. — Dieu d'Israël! du pain! moi, une pauvre femme qui ne me nourris qu'à la sueur de mon front, moi, une pauvre Juive! — Oui, vous en avez, ma bonne, donnez-le aux Français, ils sont si malheureux!

Cette femme parut émue, mais, peut-être, était-ce de peur. Victor se hâta d'ajouter : « Nous avons de l'argent, et il tira de sa poche un anneau d'or que le vieux capitaine lui avait confié, en même tems que Normand, mettait dans la main de la Juive un bel écu bien reluisant. — J'ai du pain, sans doute, et elle baissait la voix, je vous en donnerais bien; mais si j'étais vue!... J'ai quinze Kosaks à loger, leurs chevaux sont là, à l'écurie... Dans un moment, vos ennemis vont revenir... S'ils vous reconnaissaient, nous serions tous perdus. — Donnez donc vite, dit Victor. — Mais il faut que j'aille chercher cela au fond de mon caveau. En temps de guerre, on doit tout cacher. » Elle leva une trappe et descendit.

Les deux jeunes gens, restés seuls, n'eurent pas un instant l'idée du danger qui les menaçait. Ils ne s'entretenaient que du bonheur de manger enfin du pain, surtout d'en faire manger à ce bon capitaine. Une sorte de bruit de pas, retentit sous la fenêtre; ils écoutèrent sans alarme, croyant entendre une rafale. Une minute après, d'une part, la Juive se montrait à l'ouverture du caveau avec un gros pain sous le bras, de l'autre, les quinze Kozaks se présentaient à la porte de la chambre : leurs voix de tonnerre firent frémir les murs d'un affreux hourra. Presque morte de terreur, la Juive laissa tomber le pain.

Aux lueurs de la résine, le visage mongol de ces Kozaks avait une horrible expression de haine et de férocité; leurs petits yeux ronds lançaient des flammes; la soif du sang contractait leurs bouches.

— Ah! s'écria le chef, en une sorte de patois allemand usité chez ces barbares, coquine de Juive! voleuse! infâme! tu avais du pain sous ton toit et tu le cachais à des braves comme nous! Tu peux dire que tu as vécu de même que ces chiens de Français!

La Juive tomba à genoux en joignant les mains. La terreur faisait trembler tout son corps : — Miséricorde! pitié! je ne suis pas coupable…. Oh! voulez-vous me tuer?

— Oui, toi et tes complices.

Et le regard haineux du Kozak tomba comme un coup de sabre sur les deux Français sans défense. En un moment, les quinze soldats eurent dégaîné : l'espoir du pillage les retint; ils commencèrent par entourer leurs captifs et les dépouiller de leurs meilleurs vêtemens. Un cri de joie accueillit la découverte d'une ceinture de pièces d'or que portait Normand : l'infortuné avait espéré rapporter ces économies dans son pays, et peut-être y prendre une femme. C'est lui que le sort avait désigné pour mourir, lui surtout. L'or fut compté et partagé en un clin d'œil. Déjà le pain avait été brisé en morceaux et mis dans les poches. Les Kozaks ne dédaignaient rien.

Mais c'était peu pour eux que d'avoir dépouillé les deux prisonniers. Un souvenir de discipline, la crainte d'un châtiment leur donnèrent assez de sang-froid pour aviser aux moyens d'obtenir un éternel silence.

— Femme, dit l'un d'eux, veux-tu vivre?

— Oh! Dieu de mes pères!

— Sois complaisante et tu auras ta grâce. Il faut nous cacher dans ta cave les corps de ces deux Français : nous allons les tuer.

Victor entendait; et ses cheveux ne blanchirent pas sur sa tête!

La juive avait cependant perdu cet extrême sentiment de la conservation qui, d'abord, la dominait tout entière. Non contente d'avoir obtenu la vie sauve pour elle-même, elle se traîna aux pieds des assassins en conjurant leur vengeance contre les Français; eux si bons, si jeunes, si faibles, eux mourir! Et les Kozaks riaient d'un rire infernal; et plus ils riaient, plus s'élevait la voix suppliante de Sarah, tandis que Normand et Victor, dans les bras l'un de l'autre, se faisaient un adieu mutuel et avaient tous deux aux lèvres le même mot du cœur : « Ma mère! ma mère! » Pauvres mères en effet, un sombre pressentiment traversait-il alors vos ames?

Tragédie sans nom! une mort apprêtée avec délice, dans une chambre étroite et obscure, quinze sabres levés sur deux têtes, le cri d'une femme qui tombe à la renverse…. Mais un incident suspend le drame de sang.

Du bruit s'est fait entendre du côté du four : — Notre soupe! notre soupe! Les Kozaks se précipitent vers l'unique ressource de leur souper, que l'ébullition va jeter dans les cendres. C'est la vie que ce moment.

D'un seul coup-d'œil Victor mesure les moyens de salut ; d'un doigt il
montre à son compagnon la porte restée entr'ouverte ; se jetant sur les
mains, il se glisse ainsi à travers les jambes des Kozaks ; Normand le suit.
Avant que les ennemis ne se soient aperçus de son intention, Victor a atteint la porte ; un hourra général retentit : Victor est déjà dehors lorsqu'une
main vigoureuse repousse la porte. Mais, ô douleur ! sa capotte s'y trouve
engagée. Le malheureux, sans perdre courage, tire violemment ; l'étoffe
usée cède, Victor va tomber dans l'écurie. Des gémissemens frappent
alors ses oreilles : c'est son frère qu'on égorge. Où fuir ? où fuir ? pas
d'issue dans cette sombre écurie. Où est l'entrée extérieure ? Il cherche,
il tâte les murs comme un aveugle, le sang lui monte à la tête, il chan-
cèle, il pleure, mais une larme seulement : il n'a pas le temps de pleurer ! La porte, restée demi-close, s'ouvre avec fracas ; les bourreaux se
précipitent, teints du sang de Normand ; leurs chevaux hennissent à la
voix de leurs maîtres ; c'est un affreux brouhaha.

Cependant, la présence d'esprit n'abandonne pas Victor : du bout de
l'écurie il se montre aux Kozaks ; ceux-ci courent de ce côté. Aussitôt
Victor se baisse et passe rapide sous le ventre des chevaux : grâce à cette
manœuvre, il se trouve près de la porte, que retient un simple loquet
attaché par une ficelle : Victor lève le bras, tire vivement la ficelle, qui
rompt... L'air engouffré a poussé la porte : Victor va être libre ! Il court,
mais un Kozak placé en sentinelle contre la porte, à l'intérieur, le frappe
d'un coup de sabre qui lui partage en deux son shako : si la pointe du sabre
ne fût entré dans le chambranle de la porte, le prisonnier était perdu.
Malgré la douleur de ce coup violent, le jeune homme sort, court sans
reprendre haleine jusqu'à la chaumière, où il a laissé ses compagnons ; il
ouvre, il entre, il tombe évanoui. Si quelqu'un dut pleurer le pauvre Normand, ce fut le vieux capitaine....

Le lendemain il fallut repartir, c'était en décembre et les jours comp-
taient si peu d'heures qu'on avançait bien lentement vers Witepsk. De
plus en plus la colonne diminuait, car le froid n'avait pas baissé ; car la
faim n'avait pas cessé de tourmenter les prisonniers. Au milieu de tant
de tortures physiques, une sorte d'exaltation morale, celle de la douleur,
du regret pour Normand et Bard, soûtenait les forces de Victor. Enfin on
touchait à Witepsk, une heure encore, puis le salut !

Trois Français se traînaient derrière la colonne ; c'étaient Chartier, Victor et un adjudant sous-officier nommé Chauvin. Le lieutenant se sou-
tenait avec peine sur les épaules de ses deux compagnons. Enfin il dit :
Je ne puis aller plus loin ; c'est fini, je mourrai ici.»

— Courage, frère, Witepsk n'est qu'à une lieue, et tu as déjà tant fait de chemin.

Chartier n'entendait plus. En vain ses amis semblaient-ils lui montrer du doigt la ville elle-même, avec ses hauts clochers ; Chartier s'arrêta, pâle et transi de froid; ses jambes gelées refusaient de le soutenir; on eût vu la vie l'abandonner par degrés et remonter jusqu'à sa poitrine, comme pour s'échapper en un dernier souffle. Un seul besoin, celui de la chaleur, indiquait chez Chartier un reste de pensée; avec l'instinct de la souffrance qui devine elle-même son remède, il montre à ses compagnons une masure à demi ruinée et d'où s'échappait de la fumée.

Ils se hâtèrent d'y porter le moribond. En entrant un feu actif qui brûlait dans un four réjouit leur vue. Chartier, ranimé soudain, se dégagea des bras qui le soutenaient et courut vers ce foyer. En vain ses amis lui représentaient-ils le danger de passer d'une atmosphère glacée à cette température étouffante : Chartier se colla contre le four, tenant la muraille embrassée. Chauvin s'inquiétait pour leur salut commun : comment rattraper la colonne d'autant plus rapide dans sa marche qu'elle approchait davantage de la ville? Et ils pressaient le lieutenant de partir. — Un petit quart d'heure seulement, dit Chartier d'une voix suppliante. Et vraiment, il eût voulu marcher qu'il n'y eût pas réussi. Le quart d'heure accordé ne tarda point à s'écouler. — Debout, debout, dit encore Chauvin. Il portait sur lui de l'argent, bien nécessaire à ses camarades et il frémissait à l'idée d'en être dépouillé. Victor, plus affectueux, n'osait presser ainsi le malade; il comprit que Chauvin avait bonne envie de s'éloigner : lui-même il l'y invita. Ce dernier partit, sans oser regarder les deux amis qu'il abandonnait.

Malgré son énergie et l'exaltation de son amitié, Victor, ne se sentait pas le courage d'entraîner le pauvre Chartier. Un long temps s'écoula dans le silence, troublé seulement par les soupirs de satisfaction du lieutenant, et aussi par les mugissemens sinistres du vent à travers les sapins. Enfin Victor dut mettre de la fermeté pour décider son ami à partir... Ils n'eurent pas de peine à retrouver leur route, car elle était jalonée de cadavres : et pour eux, ces cadavres avaient tous un nom!... Bientôt les craquemens de la neige leur indiquent l'approche d'un cavalier. Le cœur leur bat, le sang se fige dans leurs veines; car ils connaissent trop bien leurs ennemis. Ils ne tardèrent pas à apercevoir de chaque côté du chemin un Kalmouck à cheval et armé jusqu'aux dents. Victor est couvert de trop misérables haillons pour avoir à craindre d'être pillé; quant à Chartier, son uniforme lui est resté, l'aigle brille encore sur son shako : son grade annonce une ceinture bien garnie. Les Kalmoucks, courant à lui et le saisissant chacun d'un côté, l'entraînent vers un taillis.

Aux cris de son ami, Victor s'élance au-devant des cavaliers ; gestes, supplications, il essaie tout pour les attendrir. Ceux-ci ne le regardent même pas. Le jeune homme cherche alors à pénétrer dans le taillis où l'appelle la voix enrouée de Chartier. Un des ennemis prend sa lance et lui en assène un coup sur la tête. Pauvre Victor, ce n'est pas sa souffrance qui l'occupe ; renversé, il étend la main comme pour sauver Chartier. La même voix de mourant qui l'appellait arrive encore jusqu'à lui... Réunissant un reste de forces, il se soulève, se traîne sur les genoux. La voix s'est éteinte ; Chartier n'est plus.

Quand Victor eut réellement repris connaissance, il se trouva bien seul ; une nature en deuil semblait répondre au deuil de son âme. L'infortuné, houteux presque à ses propres yeux de survivre à son ami, courut sans s'arrêter jusqu'à ce qu'il eût rejoint la colonne. Il y raconta tout ému l'affreuse scène qui venait de se passer. Des officiers retrouvant un reste d'énergie, voulaient aller sur-le-champ avec lui à la recherche du lieutenant. On les en empêcha ; mais Victor se promit à lui-même de revenir.

Peu de temps après on entrait à Witepsk : mais quel petit nombre d'hommes !... A présent chaque Français se voyait escorté par deux gardiens au moins.

En arrivant, les soldats du général Partouneaux furent placés, campés au hasard, où ils purent, dans les cours, dans les écuries, dans la rue. Ils passèrent ainsi la première nuit.

A son réveil, Victor ne s'arrêta point à considérer le spectacle de cette cité nouvelle pour lui, à examiner ses maisons de bois, à suivre de l'œil ses dômes orientaux qui arrondissent dans les cieux leur coupole dorée. Le cœur plein d'un ardent besoin : venger ou au moins retrouver Chartier ; il cherche la demeure du gouverneur ; ce fut d'instinct qu'il la trouva. Le factionnaire lui cria brusquement : « Au large ! » Mais lui : « Je veux parler au gouverneur de la ville. » On rit, il insiste ; on lui tourne le dos avec mépris ; il prie plus haut, on le menace de le chasser. Par bonheur le gouverneur a entendu ce bruit ; il sonne et s'informe ; on lui apprend qu'un misérable prisonnier prétend arriver jusqu'à lui pour lui faire des révélations. Plus humain que ses subalternes, le chef accueilla cette humble requête : Victor est introduit. A l'aspect de tant de misère, les traits du gouverneur exprimèrent une vive pitié ; il adressa la parole au prisonnier en français : l'ennemi qui parle notre langue est déjà à moitié notre ami ; aussi, Victor, rempli de confiance, s'écria-t-il d'abord : — Justice, monsieur, justice et protection pour mes frères, non pour moi !

Et il raconta en quelques traits rapides et saisissans les nombreuses et bien tristes péripéties qui s'étaient succédées depuis le départ de Borizow.

Bien qu'il fût en ce moment l'avocat de tous ses frères d'armes, il avait hâte de parler de Chartier. Son amitié lui donna l'éloquence la plus naturelle, celle du cœur. Le gouverneur indigné l'interrompit en promettant sévère justice. Mais comme le plus pressé était de courir au secours ou au moins à la recherche du malheureux lieutenant, des ordres furent donnés sur-le-champ pour qu'on apprêtât un traîneau.

Avant de descendre, Victor reçut de l'humanité du gouverneur une bonne *schouba* (pelisse de peau de mouton) et des *lapski* (chaussure faite d'écorce d'arbre). Bientôt après, Victor, accompagné d'un sergent russe, montait dans le traîneau, et reprenait, mais non plus en misérable pélerin, le chemin de la sombre forêt où il avait perdu son ami.

Le traîneau semble dévorer l'espace ; les longues lignes de pins défilent rapidement comme des géans devant les yeux de Victor ; la neige tombe à flocons sur lui ; des tourbillons de vent l'enveloppent en mugissant. Insensible à ce bruit, à ce spectacle, le Français tient le regard fixé sur le sol : s'il aperçoit un cadavre à demi dépouillé, son cœur bat et il ordonne au conducteur d'arrêter.

Mais il ne tarde pas à reconnaître son erreur et à presser de nouveau sa marche ; car pour lui les morts ne sont en ce moment que des morts ; mais Chartier était un ami. Au détour d'une allée il jette un cri, il a reconnu l'entrée du taillis, mais le corps n'y est plus. La terre porte des traces sanglantes : ces traces le guideront... Il arrive à la cabane où il s'était reposé avec Chartier : celui-ci avait eu la force de s'y traîner et d'y aller expirer. Quatre coups de lance ont laissé sur son corps leur empreinte terrible. Plus heureux que ses compagnons de route, le lieutenant obtient les honneurs de la sépulture. Victor creuse de toutes ses forces dans la neige ; il dépose son ami dans cette tombe nouvelle, le contemple un instant avec un sombre désespoir, sans paroles, sans larmes ; puis il le recouvre et s'éloigne plus vite encore qu'il n'est venu.

Arrivés dans la plaine, une fumée attira leur attention ; et, s'approchant d'un auvent soutenu par des branches d'arbres, ils aperçurent un spectacle horrible. Accroupi devant le reste presque éteint d'un feu de bois de sapins, un homme qui avait eu forme humaine, couvert à peine d'une natte, se tenait sans donner aucun signe de vie autre qu'une sorte de râle pénible. Victor se sentit ému de compassion, comme s'il eût deviné dans ce malheureux un frère ou un ami. Il s'approcha de lui et lui adressa la parole; l'homme restait immobile. Victor éleva plus haut la voix : alors ce sauvage dégradé par la souffrance leva son visage, où s'arrondissaient deux yeux vitreux, et il poussa ce cri enroué : « *Heu! heu!* » Le Français le considère mieux encore...

A travers ces traits défigurés il lui semble reconnaître..... Se peut-il! c'est Bard! Bard, son camarade de lit; Bard qu'on avait cru tué.... Dieu l'a donc sauvé lui-même, puisqu'il ne l'a pas encore fait souffrir jusqu'à la mort?... Le sergent russe eut l'humanité de jeter sa capote sur les épaules de l'infortuné, qui reconnut enfin Victor, mais ne put jamais expliquer comment il se trouvait là. On le plaça sur le traîneau et ils partirent.

Au milieu de la joie d'avoir retrouvé son camarade Victor ne perd pas de vue le malheur de Chartier. A tout prix il faut que l'assassinat soit puni. Du sang pour du sang; c'est la loi de Dieu qui a dit : OEil pour œil.

Victor retourne tout droit à l'hôtel du gouverneur; cette fois il y pénètre sans obstacle.—Vengeance, s'écrie t-il! Non, non, justice! J'avais dit vrai, mon compagnon, mon frère, a été massacré!

Le gouverneur fronce le sourcil : —Reconnaîtriez-vous les deux Kalmouks qui ont tué cet homme?

—Sur-le-champ.

—Vous les verrez.

En ce moment, tous les soldats étaient justement rangés sur la place en double haie, et passés en revue. Victor s'y rendit avec le gouverneur : d'un regard fixe il examinait chacun des Kalmouks. Tout à coup il dit : Les voici!

Interrogés aussitôt avec sévérité, les deux soldats se troublent, balbutient, avouent leur crime. Ils sont condamnés à avoir les narines arrachées, à recevoir cent coups de knout, et à être transportés en Sibérie. L'arrêt fut exécuté au lieu même. Avant tout, l'officier russe chargé de conduire l'escorte, et coupable d'avoir laissé tirer sur les Français prisonniers, fut amené sur la place, dégradé, privé de ses épaulettes; on lui brisa son épée au-dessus de la tête, puis on l'emmena en Sibérie. Ainsi, un simple jeune homme, à force de fermeté et de constance, avait obtenu justice des bourreaux de tous les siens.

On resta un mois à Witepsk, d'où les Français furent dirigés sur Veli-

Kilouki (1). Victor se trouva logé avec Chauvin dans la maison d'un bourgeois russe.

Chauvin avait conservé son argent et partagea en frère : sinon Victor se serait vu bien embarrassé avec le simple petak (2) que le gouvernement allouait aux soldats prisonniers. Mais le pauvre Chauvin ne devait pas avoir long-temps besoin d'argent. Sa constitution avait été minée par les privations et les fatigues. Il se sentit baisser de plus en plus. On eut l'idée de lui donner des bains russes ; cette vapeur lui frappa sans doute sur les nerfs ; car son mal ne fit plus qu'empirer. C'étaient des crispations horribles, à briser la main qu'il eût rencontrée, même celle de Victor son frère ; l'infortuné souffrait à un point tel qu'il lui arriva plus d'une fois de se jeter hors de son lit et de faire le tour de la chambre entière en s'accrochant aux planches clouées contre le mur en guise de banquettes. Il expira dans ces atroces douleurs sans pouvoir parler à son ami du beau pays de France, de leurs parens et de leurs maux passés. Il léguait à Victor tout ce qu'il possédait.

Mais comme si une horrible contagion se fût étendue sur tous les Français, Victor ne tarda pas lui-même à tomber malade : la fièvre le réduisit promptement à toute extrémité. Peu de jours avant, son hôte était parti pour affaire, le prisonnier se trouvait donc à la merci de la servante nommée Katrinka. Et ici est l'heure la plus affreuse de sa vie : la léthargie l'étreignit un matin tout entier, l'enveloppa de son manteau de glace. Connaissant bien son danger, dévoré par la soif, il voulut appeler Katrinka.

Impossible. Sa langue paralysée ne pouvait plus articuler un son. Il voyait, il entendait, voilà tout, mais sans conserver un seul indice de la vie. Katrinka entra le visage radieux ; elle ouvrit un coffre où se trouvaient renfermés les effets de Chauvin, les prit, les examina, déploya deux mouchoirs qu'elle noua l'un autour de sa tête, l'autre sur ses épaules. On frappa : Victor rendit grâce à Dieu.

— Est-il mort, demanda le nouveau-venu, espèce de tailleur allemand qui travaillait d'ordinaire pour le maître de la maison.

— Pas encore, mais cela ne tardera pas.

— Vous êtes seule ?

---

(1) En russe, grands-oignons.
(2) Un sou environ, car il en faut dix-huit pour faire un franc.

— Oh ! sans doute... pour bien long-temps.

— Ce prisonnier a de l'argent, n'est-ce pas ?

— Oui.

— Et vous comptez que cela vous reviendra.

— J'y compte...

— Katrinka.....

— Eh bien ?

— Le prisonnier est trop long à mourir.

— Il faut attendre cependant.

— A votre place je n'attendrais pas. Tenez, un cordon, un lacet, la moindre chose... et l'argent de ce chien est à vous, à nous, ma petite mère.

S'il y eut jamais souffrance sans nom, souffrance d'une éternité en une heure, c'est celle que Victor eut à supporter. Il se sait encore vivant, son artère bat ; à défaut de sang. il a comme de la pensée dans son cœur. Ce malheureux se rend compte de son reste d'existence si réel pour lui, il peut analyser sa faiblesse qui lui défend de jeter un cri et de repousser le linceul qu'on lui étend sur le visage ; il voit intérieurement les assassins qu'il n'entend que trop bien : leurs menaces. leur sourde conspiration. leur perfidie, rien n'est perdu pour lui. C'est la mort qui s'approche ! la mort dans un appareil d'horreur inconnue, la mort lente, prévue, affreuse ; la mort sous l'effort de deux misérables.

Ils sont là, ils vont et viennent : l'homme qui gît sans mouvement dans le lit, cet homme n'est plus pour eux qu'à l'état de cadavre : l'achever. ce sera lui faire grâce de plus longues souffrances, ils se rapprochent. Victor pense à sa mère, prie Dieu et pense encore à sa mère. Mais Katrinka hésite, elle retient l'Allemand qui a contre sa proie l'acharnement du lâche décidé à en finir. Elle le ramène près de la croisée ; bien que le crime ne l'effraie pas, elle en redoute les suites. Plus coupable de pensée que son complice, elle suspend l'action pour trouver le moyen de lever tous les soupçons ; car elle a peur de l'inspecteur chargé de surveiller les prisonniers. Cependant, les représentations de l'Allemand ont vaincu la frayeur de la servante. Victor va périr : Dieu lui envoie un sauveur ; c'est le surveillant russe. Celui-ci entra, s'approcha du malade et le trouvant plus affaibli jugea nécessaire de le faire transporter à l'hôpital. Katrinka se récria : — Pourquoi l'emmener ? est-ce qu'on ne le soigne pas bien ici ? est-ce que vous vous méfiez de moi ? — Peut-être, répondit le surveillant qui fixa sur elle un œil sévère. — Bah ! dit le tailleur ; ce prisonnier est presque fini... Avec un coup de pouce on le débarrasserait de la vie....

— Heim ?

— Et savez-vous qu'il a de l'or ? savez-vous cela ? et que si vous vouliez, tout serait pour nous ?

Le surveillant fit un signe de croix rapide et demanda au tailleur s'il le croyait un assassin ou un voleur. — J'ai à sortir, poursuivit-il. D'ici à une heure s'il arrive quelque chose à ce Français, vous m'en répondrez.

. A peine fut-il dehors : — Vite ! s'écria l'Allemand ; vite ! dépouillons-le !

L'or était contenu dans un portefeuille derrière le petit tableau de la Vierge et de Jésus qui se rencontre dans toute maison russe : c'est une image sacrée et respectée ; aussi la servante n'osa-t-elle pas la déranger pour atteindre l'objet du vol. Il fallut que le tailleur prit le portefeuille, tout en riant des scrupules de sa complice. Sur-le-champ ils se partagèrent l'or qu'ils se hâtèrent de cacher en entendant revenir le surveillant. Ce dernier enveloppa le corps presque inanimé du Français, et, à l'aide de la servante. le posa sur un traîneau auquel il fit prendre la direction de l'hôpital. Mais il avait plutôt jeté que placé Victor sur le léger transport : à moitié chemin environ, le malade glissa et resta étendu à terre.... le traîneau allait toujours rapide comme le vent. Il est probable que le Russe en apercevant la disparition du corps fut d'abord bien effrayé et qu'il invoqua tous les saints du paradis. Il revint cependant sur ses pas à la recherche du Français, le retrouva, le replaça plus soigneusement et l'installa enfin à l'hôpital.

Un mieux sensible s'était d'abord manifesté dans l'état du malade ; mais un médecin ayant jugé à propos de lui faire donner de l'émétique, un infirmier eut la maladresse d'en administrer une dose énorme. Les effets de cet empoisonnement se révélèrent par cette même faiblesse déjà si fatale à Victor. Peu de jours après l'entrée du malade à l'hôpital, le médecin de l'établissement lui jetait le drap sur le visage avec ces mots sans appel : « Il est mort ! » Victor était retombé dans sa léthargie. Et il connaissait son état ; il savait qu'on allait venir le prendre pour l'enterrer ; que son lit était attendu, réclamé par bien des souffrans ; et il entendit qu'on enlevait autour de lui des cadavres pour les porter dans un traîneau commun ! On vint enfin du côté de son lit, on abaissa son drap, des mains d'infirmiers le saisirent... C'était fini !.. Mais une voix d'infirmier dit : « Le traîneau est comble ; on l'enterrera demain. » Victor venait d'échapper à la plus cruelle de toutes les morts.

L'horreur qui remplissait son âme, lui donna un tel besoin de vivre qu'il reprit la vie comme par une certaine puissance de volonté. Peu à peu la force lui revint ; il rouvrit d'abord les yeux ; ensuite ses doigts crispés s'allongèrent... Doucement, doucement il se releva, s'accrochant aux lits voisins, il fit quelques pas...Un cri d'horreur retentit dans la chambrée: Victor était sauvé!

Dieu n'avait-il pas marqué au front ce jeune homme? ne le protégea-t-il pas lui-même, selon ces paroles du vieux Tobie : « Vous conduisez les hommes jusqu'au tombeau et vous les en ramenez; et nul ne peut se soustraire à votre puissante main. »

Transporté vers le mois d'août 1813 à Birska (1), ville principale de la Sibérie Blanche, Victor y fut assez tranquille, grâce à la protection d'un grand seigneur dont il avait su par ses manières douces se captiver l'affection. Enfin après une longue captivité on achemina les prisonniers sur la France. A trois journées des frontières, la nouvelle du débarquement de l'empereur, sorti de l'île d'Elbe, fit retenir par le gouvernement hollandais cette colonne de prisonniers, que l'on envoya à Coverden dans l'Overyssel, où ils restèrent encore huit longs mois. Plusieurs de ces malheureux devinrent même fous de désespoir.

La chute de l'empereur leur permit de rentrer en France. Mais à quel prix y rentrèrent-ils ?

Ainsi se terminèrent les aventures du pauvre prisonnier en Russie. Il vit heureux et calme aujourd'hui; et cependant il ne peut s'empêcher de frémir toutes les fois que se présente à son esprit le souvenir sanglant, le fantôme de 1812. (2)

---

(1) Gouvernement d'Urfa et d'Orembourg, sur le Don.

(2) Ces aventures, que nous tenons de la bouche même du héros, nous ont paru si palpitantes d'intérêt que nous n'avons pas hésité à en faire le récit, nous bornant du reste à la simple exposition des événements.

(Note du Rédacteur. — ALFRED DESESSARTS.)

www.ingramcontent.com/pod-product-compliance
Lightning Source LLC
Chambersburg PA
CBHW051207050726

47594CB00007B/3108